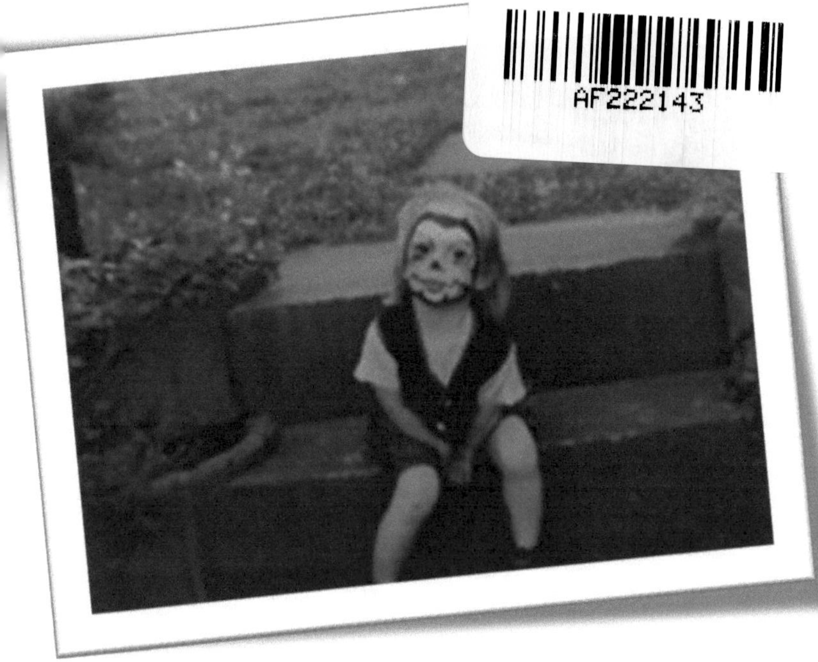

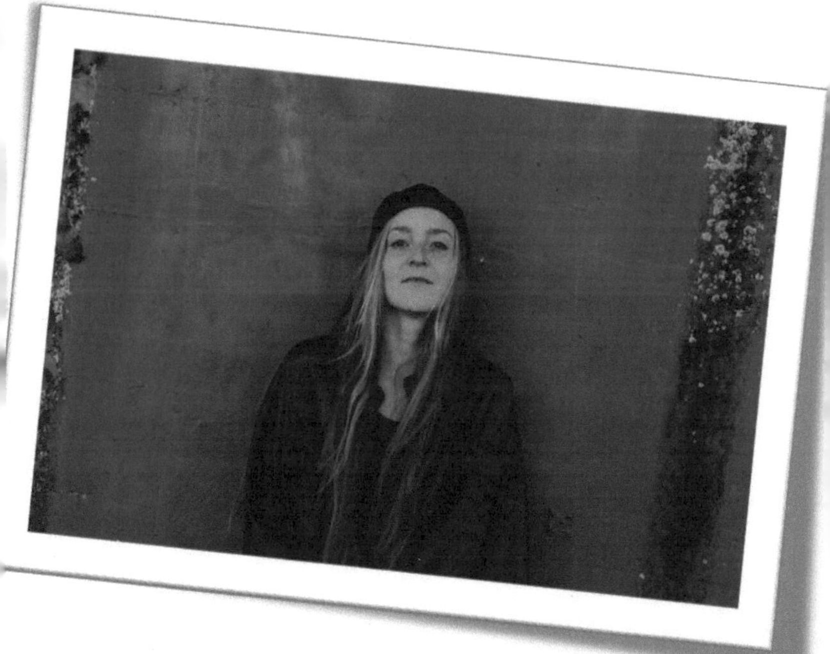

Extrem lebendig

Fragmente von Suche, Sucht und Sinn

Rebecca Leimbach

Bibliografische Information der Deutschen
Nationalbibliothek: Die Deutsche Nationalbibliothek
verzeichnet diese Publikation in der Deutschen
Nationalbibliografie; detaillierte bibliografische
Daten sind im Internet über http://dnb.dnb.de
abrufbar.

ISBN: 9783758324444
© Rebecca Leimbach 2023
www.instagram.com/rebecca_extremehrlich

Herstellung und Verlag:
BoD – Books on Demand, Norderstedt

Über das Buch

Rebecca verarbeitet,
entstigmatisiert und verbindet
in diesem Werk ihre Gefühle,
Erlebnisse und Gedankenfragmente
in lyrischen Zeilen. Sie stellt
Fragen an und für sich —
und an dich — über ihr bisheriges
»Leben«, das lange keines wa(h)r,
und steht ein — für mehr
Ehrlichkeit, Eigenverantwortung
und Eigen-Art. Rebecca schreibt
für sich und all die, die sich
nicht »normal« fühlen,
die hinterfragen, die bereit sind
zu suchen, zu fühlen, zu leben.
All diese Facetten, Fragmente
und Anteile dürfen sprechen,
gesehen, verbunden werden und
— leben.

Über mich

Nachdem ich mein biografisches Werk
»Extrem Ehrlich« vollendet hatte,
in welchem ich bereits schilderte,
wie ich auf Abwegen zum Leben fand,
nachdem ich ausgebrannt und beinahe
gegangen war, wurde mir klar,
dass auch diese anderen
fragmentarischen Zeilen
zum Verweilen geeignet sind,
dass auch das Schreiben dieser
Texte bisweilen zwar nicht leicht,
doch voller Sinn war. So entschied
ich mich, auch diese Zeilen,
die von Leid, Freude, Mut, dem
Gestern, doch besonders auch dem
Jetzt und dem Morgen geprägt sind,
in deine Hände zu legen —
um dir Kraft zu geben, um dir zu
sagen, zu spiegeln, dass nichts
ohne (Ab)grund geschieht, dass du
es wert bist, dass du dich liebst.
Ich blieb, entgegen all der
Widerstände und Prognosen,
und weiß, dass (diese) Zeilen
Leben, wenn auch nicht die Welt,
retten können, selbst wenn es »nur«
das Eigene ist — und das,
was du wirklich bist.

In Liebe, Rebecca

Danksagung

Danke an jeden,
der mich begleitete,
der mich auf meinen Weg
vorbereitete.

Danke auch an die,
die mich in den schlimmsten Zeiten
vom Befreien abhielten.

Ich habe diese Zeilen und Zeiten
besiegelt, ich habe vergeben,
um wirklich zu leben.

Deshalb möchte ich vor allem
denen danken, die nun da sind,
die es geben kann, seit ich da bin:

Meinen Eltern,
weil sie mir das Leben schenkten.

Meinem Vater,
der mich wohl nun mehr und besser
versteht, denn je, und sich Mühe
gibt, dies zu tun.

Meiner Mutter,
die mich immer begleitet
und geliebt hat.

Meiner Oma,
die da war,
als ich es noch nicht war.

Meinem Opa,
der leider von uns gegangen war,
doch mir näher ist als je zuvor.

Danke an meine Schwester,
die nun endlich (wieder)
Teil meines Lebens ist.

Danke an Milica,
meine Seelenverwandte,
die die Künstlerin
in mir entdeckte,
noch bevor ich es erkannte.

Danke an Silva,
die mich begleitet
und mit mir den Weg bestreitet.

Danke an Eugen,
der mich trotz,
wegen all dem,
was ich bin, liebt.

Danke an Nero, das Wesen,
das nun neben mir liegt,
und mich mehr fühlt,
als Menschen es tun könnten.

Danke an Tanja, dass du
an meine Zeilen, an mich,
geglaubt und mir geholfen hast,
sie in den Händen zu halten.

Danke an jeden,
der an mich gedacht
und geglaubt hat,
als ich es noch nicht tun konnte.

Danke an dich,
du, der/die diese Zeilen
in den Händen hält.
Du bist es wert,
dass du nicht mehr zerfällst,
sondern auf-r-echt
dein Leben erhellst.

Ich halte dich,
deine Hand,
wenn du es nicht kannst.

Wir alle haben unsere

Sollbruchstellen

Die brechen

Wenn wir leben

Die totgeglaubte Künstlerin

Du warst schon immer
Die tot geglaubte Künstlerin
Doch — farbenblind,
Konditioniert - im Sog

Du hast dich verachtet
Tust es noch immer
Viel zu oft

Doch genau jetzt weißt du
Du hast all diese Farben
Du kannst strahlen
Heller als je zuvor

Sie werden es nicht verstehen
Sie werden die Farben nie sehen

Aber du zeichnest
Endlich deinen Weg

Die Konturen zeichnen dich ab
Nicht sie
Nicht den Sog

Wenn du wartest
wirst du fallen
Wie so oft

Aber du hast die Farben
Beginnst zu malen
Beginnst zu sein
Und zu sehen
Was sie niemals sehen werden

Und wenn du fällst
Fällst du auf
Sie beginnen
Dich zu sehen
Viel wichtiger –
Du beginnst zu sehen
Dich
Sie sehen das Scheitern
Du siehst den Wachstum
Beginnst zu glauben
Zu sehen
Zu hören
Jetzt
Genau diese Stimme
Bringt dich nicht zu Fall
Sie bringt dich auf –
Auf-fallen
Auf-stehen
Es war nie ein Rückschritt

Wie geht frei sein?

Frei sein
Heißt Verantwortung
Übernehmen
Das wollen die meisten
Fürchten die meisten
Tun die wenigsten

Nur seinen Teil
Der Verantwortung
Zu übernehmen
Keine falsche Schuld
Zu übernehmen
Weiterzugeben

Zu leben
In Freiheit
In eigener Einheit

Und von denen
Die ausbrechen
Entscheiden sich die meisten
Den Weg zurück
In das (eigens auferlegte)
Gefängnis zu wählen

Weil die Angst
Verantwortung zu übernehmen
In Freiheit seinen Weg zu gehen
Keine Imitation zu leben
Überwiegt
Über dem eigenen Wert
Dessen sich die meisten
Nie bewusst (werden wollen)
Sind
Wer sie sind
Frei

Der lebende Beweis

Bin der lebende Beweis
Dass ich
Dass du
Heilen kannst
Entgegen all der Widerstände
Entgegen all der Prognosen

Hab ich's auch den Ärzten
gezeigt
Die sagten –
das überlebt sie nie
Regenerieren?
Du wirst verlieren

Bin ich nun oben
Auf-r-echt
Ehrlich
Ich

Alles oder nichts
Schwarz oder weiß
Borderline
Manisch
Panisch
All der Scheiß

Du bist reich an Farben
Trotz der Narben
Und findest die Mitte
Grau

Hab endlich Leben in mir
Bin nicht mehr abhängig
von dir
Dem Alkohol
Den Drogen

Der Magersucht
Den Zwängen
All das hat ein Ende
Und mit dem letzten Muss
Ist nun endgültig Schluss
Transformiere Frust
In Lebenslust
Um zu beweisen
Dass du heilen
Kannst

Viel mehr kannst
Lachen
Tanzen
Leben kannst
Dass du reichst
Ohne zu leisten
Egal
Welche Statistiken
Und Werte sie zeigen

In der Tiefe

Nur in der Tiefe
Lässt sich Kunst erschaffen
Doch das ist das
Was viele nicht raffen

Nicht zulassen
Und zumachen

Wenn der Winter einbricht
Das Eis einbricht

Von dem man dachte
Es hält Einen aus

Was macht dich aus
Wenn die Lichter
Ausgehen
Wirst du gerade stehen
Oder zusammengekauert
Untergehen

Leichtigkeit
Kannst du nur spüren
Wenn du bereit bist
Den Schmerz zu fühlen

Im Dreck zu wühlen
Nicht aufzugeben

Wenn das Auf und Ab
Des Lebens dir das nimmt
Was du einst Leben genannt hast
Bevor du dich erkannt hast

Licht kannst du nicht sehen
Wenn du nicht bereit bist
Durch die Dunkelheit zu gehen

Nichts war je ein Irrweg

Und du siehst

Dass der weite Weg

Weiter geht

Und du dich trägst

Nie ankommen

Und wenn du denkst
Du hast nun alles im Griff
Kommt das Leben dazwischen
Und gibt dir einen Tritt
Du denkst
Das sei ein Rückschritt
Ich sag dir
Das ist es nicht

Es ist nur
Immer wieder die Frage:
Bist du das
Willst du das
Oder nicht?

Der größte Fehler zu denken
Ich sei nun geheilt angekommen
Hätte die Antworten

Denn dann kommt das Leben
dazwischen
Zwingt mich erneut in die Knie
Das schaffst du nie!
Und fragt mich
Ob ich es wirklich will
Ja
Ich will es!

Ich bleib auf dem Weg
Ich bin auf dem Weg
Der Wille war nie weg

Zeit heilt alle Wunden

Doch zum heilen
Hast du doch nie Zeit gefunden
Und du hast tausend offene
Wunden
Aber keine Zeit

Und du wunderst dich
Dass du nie heilst?
Aber ist es die Zeit
Oder bist du es
Die die Wunden heilt

Loslassen

Loslassen
Kannst du nicht erzwingen
Sie liegt Innen

Finden

Kannst du sie nur
Wenn du das innere Kind siehst
Mit dem wollt ich
Nichts zu tun haben
Hatte Narben

An den Händen
Vom Graben
An den Wänden
Fühlte mich versklavt
Und getrennt

Zulassen
Um Akzeptanz
Zu fassen
Und im Tanz

Zum Kind zu finden
Zu lösen
Die Wunden
Im Innen

Nicht durch Ringen
Sondern durch Singen
In Liebe
Zum wahren Siege

Dafür statt dagegen

Dafür statt dagegen
Und ich lag immer daneben
Weil ich immer zerrissen
Und dagegen war
Viel zu verbissen
Nie ich selbst war

Übergestülpt das Kostüm
Das Korsett
Nichts war echt
Echt war ich damals als Kind
Bevor ich glaubte perfekt zu
sein Sei bestimmt
Sei bestimmt das Ziel

Weit gefehlt
Das Geflecht wurde enger
Wut stieg auf
Von der ich glaubte
Wut sei nicht mein Thema
Doch hat letztlich sie
Mir den Atem geraubt

Das Gefühl ist nicht dein Thema?
Ist nicht der Fehler
Zu denken
Dass du nicht jedes Gefühl
In dir trägst
Um es zu fühlen

»Wenn du in dich gehst,
dann geh nicht unbewaffnet«,
Sagt Jennifer Rostock
Und deshalb ist Mut
Die einzige Waffe
Die gegen Wut hilft

Die Berge werden größer
Wenn du dagegen bist
Losgelöster
Wirst du nur
Wenn du dafür bist

Dann lösen sie sich
Oder es wird klar
Welche sind deine
Welche nicht

Und es tut weh
Wenn durchströmt wird
Was sonst blockiert war
Doch sieh — auch das ist wahr
Auch das darf da sein
So wie du es darfst

Aus-halten

Aushalten
Halten
Dich selbst halten
Halt finden

Sicher stehen
Weiter gehen
Stehen
Bleiben

Sein
Ein
Teil
Des Ganzen

Den Raum halten
Den Raum finden
Innen
Einfügen

Inmitten

Du bist drinnen
Im Lebensspiel
Und das einzige Ziel ist
Deine Rolle einzunehmen
Deinen Weg zu gehen

Konsequenz

Mangelnde Konsequenz
Wohin ich seh
Die Welt dreht sich
Im Kreis
Niemand zeigt
Wie weit
Er bereit ist
Zu gehen
Wenn die Lichter ausgehen

Nur ein Prozent
Hat die Konsequenz
Wie du
Gnadenlos
Den Weg in der Tiefe zu suchen
Und schöpft daraus die Essenz
Die notwendig ist
Um zu wenden
Um zu werden
Nicht mehr zu verdrängen
Beschuldigen
Betäubung zu suchen
Zu sterben

Keiner in deinem direkten Umfeld
Versteht dich
Versteht was du tust
Wer du bist
Aber das macht nichts

Zugehörig sein
Hast du nie gefühlt
Viel zu klein
Hast du dich gemacht
Wolltest nichts spüren

Warst geführt von
Fremden Autoritäten
Fremder Schuld
Und fremdem Schmerz

Wie sollen sie dich
Auch verstehen
Wenn niemand so konsequent
Das Ding angeht
Wirklich lebt
Eigenverantwortlich
Seinen Weg geht

Konsequenz lebt
Wenn du eigenverantwortlich
In ihrem System fehlst
Aber dein System
Dein Leben wählst

Du bist auserwählt
Nichts zählt
Außer dir
Hier

Du bist nicht falsch
Sie sind es
Die fälschen
Du bist nicht dieselbe
Die du warst
Nun bist du wahr

Und wahr ist
Du wirst Menschen treffen
Die dieses Prozent ebenso
betreffen
Ich setze auf dich

Eclipse

Ich vermisse
Dich
Vermisse
Mich

Zeriss mich und dich
Das ich
In tausend Stücke
Wissentlich

Gelegentlich
Kam das Licht
Und ich
Wählte die Dunkelheit

Als seinesgleichen
Doch meinesgleichen
War weiblich
War Licht

Doch ich sah es nicht

Durch die Risse
Fällt das Wissen
Dass ich es war
Die ich vermisste

Und du nur der Spiegel warst
Dessen
Was ich nicht
Noch nicht war

Ich vermisse
Dich
Heut nicht
Mehr

Denn ich bin mehr
Als zerrissene Anteile

Ellipse
Ich dich
Unterm Strich
Jeder für sich

Eins
Für
Mich

Rampenlicht

Zeichen setzen
Spiegeln
Um-setzen
Dass doch jeder Künstler
Sein kann
Auf seine Eigen-art
Jeder für sich
Und doch alle einer Art
Erschaffer einer besseren Welt
Und doch derselben
Eben einer Welt
Die zusammenhält
Und nicht zer-fällt

Als Kinder trugen wir
Die Narben noch mit Stolz
Sind doch geschnitzt
Aus demselben Holz
Haben noch gespielt
Ohne mitzuspielen
Sahen noch all die Farben
Waren
Sind doch die Künstler

Mit Kunst?

Damit hatte ich
Doch nichts am Hut
Doch der fehlende Mut
War immer unterdrückte Wut
Und die fehlende Bereitschaft
Endlich umzusetzen
Aus Bequemlichkeit
Vor allem auch
Mangelnder Ehrlichkeit
Gegenüber ihnen
Vor allem dir selbst

Extrem ehrlich
Mutig und verletzlich
Transformiere die Wut in Mut
In Lebendigkeit
Eigen-Art und Farben
Trotz
Nein
Wegen all der Narben

Keine Scham
Falsche Schuld
Nicht existenter Schmutz
Unterdrückte Wut
Nicht mehr betäuben
Ertränken
Sondern zu transformieren in Mut
Wahres zu Erschaffen
Nein
Kein Gelaber mehr

Für die
Die es nie wagten
Die zugrunde gingen
Die sich selbst richteten
Nur existieren
Nie lebten
Oder sich das Leben nahmen

Alle blind auf Hetzjagd
In Richtung Gold
Die ins Schwarz
– ins Nichts?
Verläuft
Wir auf Erkenntnisjagd
Nach allen Farben
Die sie nie wagten zu sehen
Zu malen
Um sie zu (er)tragen
Mussten wir
Von schwarz getränkt sein
Haben uns selbst ertränkt
Doch blutverschmiert
Sind wir hier
Rot befleckt
Plötzlich Farben entdeckt

Nicht mehr nur schwarz
Oder rot
Du bist nicht mehr tot
Du siehst endlich grün
Siehst endlich die Bühne
Farbenspiele
Begreifst warum du hier bist
Denn das hier
Das bist du noch nicht
Du gehörst
Ins (Rampen)Licht

Leben
Findest du nicht
Unter den Toten

Bist ein gebranntes Kind
Hast das Spiel
Mit dem Feuer geliebt
Siehst du nicht den Sinn
dahinter? Sieh hin!
Doch dabei hast du dich
Nur selbst bekriegt
Preis verfehlt
Gold gab's nie
Nicht mal Silber
(Nur) Le(e)hren des Lebens
Bist ausgebrannt
Doch aufgebrannt
Hast ertragen
Narben davon getragen

Was hat es aus uns gemacht
Wohin hat es uns
Aber dennoch gebracht

Wer
Wenn nicht wir
Wir sind viele
Wir sind noch
Trotz
Wegen all dem
Hier!

Halten – mit Milica

Seitdem du da bist
Ist mein Universum
Größer geworden
Und die Angst kleiner
Denn ich sehe
Deinen Weg
Und Halte deine Hand
Und bin nicht allein

Seitdem du da bist
Habe ich keine Angst
In der Tiefe zu tauchen
Weil ich weiß
Dass ich das Licht brauche
Habe auf-gehört
Mich selbst
Und die Welt
Zu bekriegen
Und angefangen
Zu lieben
Habe auf-gehört
Zu flüchten
Denn ich weiß nun
Dass wir alle
Unendlich Such(t)ende sind

Weder Anfang noch Ende
Nicht ist perfekt
Aber end(l)ich
Aufr-echt
Alles ist im Fluss
Fasse den Entschluss
Dass nichts muss
Bin einfach
Bei mir
Bei dir
Der Fluss

Du hast mich
Den Künstler gesehen
Bevor ich (es) sah
Wa(h)r
Halte deine Hand
Hab mich in dir
(wieder) erkannt
Ich weiß
Ich bin nicht allein
Denn wir sind all-eins
Habe keine Angst mehr
Teil des Universums zu sein
Erkennst du (nicht)?
Du bist (wie) ich

Im Ungewissen
Wissen wir nun
Es braucht nur
Einen Schritt
Und er macht
Unterm Strich
Den Unterschied
Von Schein zu Sein

In der Arena – mit Milica

Mit noch wackligen Knien
Auf neuen Wegen gehen
Die Arena betreten
Und noch neben dir stehen
Zwischen zwei Welten
Leben
Noch mehr
Geben

Noch weiter
Noch tiefer gehen
Aufrecht zu sich stehen
Nicht am Abgrund drehen
Bis zum Kern vordringen
Farbe ins Schwarze bringen
Und nie mehr
Abspringen

Loslassen
Altes zurücklassen
Wissen
Es gibt kein Zurück
Wissen
Auf trauten Wegen
Hast du nie Sicherheit gekriegt
Und Deinen Dämon Trägheit
Hast du doch schon besiegt

Nie mehr auf billigen Sitzen
Nie mehr still

Sondern laut
Mit unbändigem Willen
Ihr habt nie daran geglaubt
Raus aus diesen Reihen
Zeit für goldene Zeiten

Träumen von dem
Wovon
Sie nie
Zu träumen wagten
Sie
Deren Träume niemals
Über den Tellerrand ragten
Sich den Schritt zu trauen
Und auf das Leben bauen

Raus in die Arena
Und umsetzen
Wofür sich jeder
Zu bequem war
Du weißt
Dass es nie wahr war
Ist ja auch bequem
Nicht wahr
Stets zu scheinen
Statt zu sein
Und nun kratz
Die Narben auf

Nie wieder
Auf falschen Plätzen
Stattdessen
Einfach umsetzen
Den Türgriff
In die Hand nehmen
Durch die Tür
In die Arena gehen
Und endlich
Finden statt Suchen
Die Zeit dafür
Ist immer nur:
Jetzt

Skins – mit Milica

Ich hatte
Eine so
Dünne Haut
Alles zählte
Brach ein
Brach mich

Bis ich merkte
Alles zählt
Nicht
Nur Ich

Und ich
Erkannte mich
In Dunkelheit
Und Zweifel

Denn das dicke Fell
Wuchs nicht
Im Licht
In hell

Und schnell

Sondern
Als es dunkel war
Ein jeder
Am Munkeln war
Angezweifelt
Wo denn nun
Das Wunder lag

In Stille
Und Dunkelheit
Kamst du
Zum Entschluss
Dass nichts
Von Bedeutung war
Außer das Wunder
Das schon immer
In dir verborgen lag

Das war der Tag
An dem du
Ein dickes Fell bekamst
Und nichts
Von Bedeutung war
Nur du
Und die Bedeutung
Die du dir gabst

Es wurde Licht
Und du warst ich
Ja
Auch Du
Warst Ich

Und wenn Kritik
Dich trifft
Frage dich
Welcher Anteil es ist
Der dich trifft

Denn ja
Auch Du
Bist Ich
In Verzweiflung
Bekämpfte ich dich
Doch Ganzheit ist

Auch Du
Bist Ich
Und so viel
Mehr als
Die Summe
Von Teilen

Wir waren immer Grenzgänger — Einzelkämpfer

Jeder für sich selbst
Und doch gegen alle
Gegen die Welt
Eben auch gegen sich selbst

Haben uns maßlos überschätzt
Grenzenlos unterschätzt
Haben das Maß nie voll gekriegt
Immer bekriegt
Nie geliebt

Doch wir haben das Konzept
Nie geschätzt
Verschätzt —
Das Wissen dahinter
Hinter den Gittern
Dem trauten Freiheitsraub
Waren Grenzen nicht da
Um uns zu trennen
Um gebrochen zu werden
Sondern zum Schutz
Und doch zu schützen
Wahrlich zu werden

Grenzen setzen lernen
Erfordert Kraft
Und Macht
Über sich selbst

Alles oder nichts
Geht zu schnell vorbei
Schnelllebigkeit
Moment verpasst
Wieder nichts

Freiheit – Verantwortung übernehmen

Manchmal überfällt mich
Die Welt
Alles zu viel
Denke zu viel
Bin zu viel

Stop
Das ist kein Rückzug
Das ist Regeneration
Damit du endlich
Zum Ich reifen kannst

Damit du heilen
Und begreifen kannst
Musst du dich nicht erklären
Nichts und niemandem erklären
Die Welt würde es
Ohnehin nicht verstehen

Warum ich den Weg gehe
So fühle
Intensiv
Zu viel
Komplex bin
Und denke

All die Schichten ablegen
Die sie dir auferlegten
Antrainierten
Konditionierten
Einer von vielen
Bist du nicht
Zum ersten Mal
Fühlst du dich
Nicht mehr schuldig
Sondern frei
Eigenverantwortlich
Wenn du zu deiner Meinung
Deiner Größe
Aufrecht
Und ehrlich stehst

Deinen Weg gehst
Nein zu ihnen
Ja zu dir sagst
Und Grenzen setzt
Und zeigst
Beweist
Dass nichts schwarz
Oder weiß ist
Nichts einander gleicht
Dass du reichst
Nichts beweisen musst

Nein
Das Muss
Wird jetzt abgelegt
Alles was zählt
Ist das
Was du in dir
Und nun auch endlich
Nach außen trägst

Die Welt fällt

Doch du stehst

Alles fällt und liegt

In und mit dir

Ouroboros

Zart
Bahnt sich die Schlange
Ihren Weg zu dir
Du lässt sie rein
Glaubst
Du kannst sie heilen

Doch sie beißt dich
Ganz zart
Und es ist hart
Zu sagen
Sie haben es dir
Doch gesagt

Ist halt eine Schlange
Du hast an sie
Das Zarte
Das Gute
Geglaubt
Viel zu lange
Und nun wunderst du dich
Dass sie dich beißt
Dir das Leben raubt?

Aber du weißt
Sie kann sich häuten
Behaupten
Alte Identität ablegen
Dir als zart begegnen

Bist du nicht auch
Zum Teil
Eine Schlange
Trägst das »Böse« in dir
Gut und böse
Zart und hart

Beißt dir selbst
In den Schwanz
Wenn du das verdrängst
Ver-kennst
Viel zu lang fehlgenährt
Erlösung verwehrt
Verzehrst dich selbst
Bist doch Ouroboros?

Durchbrech den Chorus
Kreislauf
Sei nicht so hart zu dir
Sie ist doch wie wir
Gib dir selbst die Liebe
Raus aus deiner zarten Haut
Bewähre
Behaupte
Erlöse dich

Nach Hause

Es ist an der Zeit
Das große Ganze zu sehen
Den letzten abgespaltenen
Verletzten Anteilen
Zu begegnen
Und sie endlich
Nach Haus zu holen
Um mit Ihnen in Liebe
In einem Haus zu wohnen

Oben
Kannst du nicht finden
Was liegt so tief
Innen

Und trifft dich
Im größten Tief
Dunkel
Doch mehr und mehr
Geht dir ein Licht auf

Das (Nicht)Essen
Der Konsum
Der Alkohol
Die Drogen
Das zwanghafte Putzen
Waschen
Sport

Und die gegen Wahn behafteten
Medikamentendosen
Waren nie das Problem

Welcher Anteil war es
Der gesehen werden wollte?

Was war es
Was du wirklich wolltest?
Wieso gehst du den Umweg?
Und trennst dich von dir
Der nächste Bus
Steht vor dir
Und jeder Weg
Führt dich
Zurück zu dir

Wenn du
An der richtigen Stelle
Aussteigst
Anhältst
Innehälst
Und all die im Arm hältst
Die zu dir gehören

Hör dir zu
Sieh dir zu
Wieso machst du zu?

Spaltest dich ab
Ab und zu
Dissoziierst
Du wie wild
Im Kreis
Und fragst dich
Wann ist es soweit?
Wieso ist es
Bei ihnen so leicht
Zu sein

Doch wer ist
Verbunden
Mit sich
Und den größten Wunden?

Spiegel Spiel

Spiegel Spiel
Die Welt ist ein Spiegel
Das Leben ein Spiel
Umgeben von destruktivem Leben
Destruktiver
Leistungsgetriebener Energie
Oder Nicht-Leben

Gerätst du in fremde Fäden
Spielst das Spiel
Siehst den Spiegel denn
Alles verwoben
Erstickt dich
Doch ich
Spinne die Fäden neu
Nehm mich raus
Aus
Deinem Schauspiel
Macht viel
Zu viel

Setze auf mich
Du aber nie auf dich
Denn er oder ich
Sollten dich
Retten

Retter oder Übeltäter
Eher zweiteres
Denn in deiner Weitsicht
Gab es nur das Ich
Das sich durchdrang
Denn du hast selbst
Viel zu lang
Gelitten

Vom Retter zum Übeltäter
Wurden ich und er
Und du
Manipulativer
Wahrheitsverdreher

Wolltest
Dass ich lebe
Was du nie gelebt hast
Bevor du gehst
Und das Leben verpasst hast

Du blickst zurück
Und dieses Jahr
Siehst du nichts
Von all dem
Was ich tat
Und für das nächste Jahr
Sind keine Ziele mehr da

Ich will da sein
Da bleiben
Ich will
Liebe
Und du willst
Krieg

Wir spielen da
Nicht mehr mit
Und mehr und mehr
Gewinnen wir
Unsere Gefühle
Unsere Bühne zurück

Ich kann dich nicht retten
Deine Schuld
Die Verantwortung
Für dein Leben tragen
Grenzen setzen
Ich will mich
Endlich retten
Und nicht mehr wegrennen
Vor meinem Teil der
Verantwortung
Meinem Leben

Spiegel Spiel
Spiegelverkehrt
Ich wähle mich
Und werde ein Licht
Für dich
Wenn du bereit bist

Der unerfüllte Auftrag

Der Erfüllung

Des ungelebten Lebens

Dem Schmerz und der Schuld

Kannst du nicht erfüllen

Nicht tragen

Weil es nicht deins ist

Dein Auftrag

Ist dein Leben

Du bist auserwählt

Daraus

Deins zu machen

Und zu erfüllen

Schuld begleichen

Leisten

Um Schuld

Zu begleichen

Ist nicht leicht

Weil das Päckchen

(der Schuld)

Gar nicht deins ist

Gib es dem

Der es zu tragen vermag

(Gott)

Das Versprechen

Wollt ich nicht brechen
Hab's dir gegeben
Als ich klein war

Zerbrochen bin ich
Kurz danach

Ich sagte
Ich lass dich nie allein

Doch allein
War ich

Ich
Sein
Ging nicht

Ich lös es auf
Denn du hast
Deinen Teil
Des Versprechens
Nie erfüllt
Ich fühle
Alles waren Lügen

Ich füll
Mein Leben
Mit Gefühlen
Und dem Versprechen
Nicht mehr zu zerbrechen
Mir selbst zu vergeben
Mein Leben zu leben

Hin-kriegen

Liebe
Dinge
»Hin-kriegen«?
Zwanghaft mit Krieg
Kannst du nicht siegen
Sich verbiegen
Um Dinge hinzubiegen?
Es geht vielmehr
Um Annehmen
In Liebe

Zu lang hab ich
Meine Weiblichkeit
Leiblichkeit
Menschlichkeit
Bedürfnisse zerrissen
Wehrhaft
Vehement abgelehnt
Zwanghaft verhaftet
Abgespalten

Traf auf die
Die es missbrauchten
Die mir zeigten
Das ist der Beweis
Denn ich kannte
Es nicht anders
Kannte mich nur anders
Aber nie mein Selbst

Nie die Frau
Die Liebe
Den Mensch
In mir
Der dir
Nähe geben kann
Aus Liebe
Nicht
Für Liebe
Deine Gier
Deine Triebe
Das Muss

Ich weinte
Ertrug
Dachte
Dass es so sein muss
Doch nichts muss
Und Freude und Bedürfnisse
Weibliche Bekenntnisse
Dürfen zurückkehren

Zeit für neue Weiblichkeit
Zeit für liebevolle
Integrationsarbeit
Innenarbeit
Damit du berühren kannst
Was außen und innen ist
Die Liebe
Die du bist

Ausgebrannt

Verbrannt
Aufgebrannt
Hingefallen
Aufgefallen

Gefallen
Um zu gefallen
Im Fall
Aufgeprallt

Hast dein Bestes gegeben
Hast alles gegeben
Für jeden
Für dich?
Nicht

Hast jeden gesehen
Nur dich
Nicht

Alles gegeben
War das dein Leben?
War das Leben?
War das Streben?
Für Liebe?
Welche Ziele?
Deine oder Ihre?

Schuldbefreit
Warst du jederzeit
Doch in dieser Zeit
Siehst du
Was sich zeigt

Fehlende Verantwortung
Für das eigene Leben
Bei jedem
Für den du dachtest
Zu leben

Leben zu müssen
Alles gegeben
Ist viel zu verbissen
Du musst nichts geben

Sondern Annehmen
Leben
Dein
Leben

Wunschkind

Du seist
das absolute Wunschkind
Kam dir in den Sinn
Wenn du zurückdenkst
Und dich erneut verbrennst

Vor dir weg rennst
Dem Kind
Den Rücken kehrst
Jede
Nur nicht
Deine Straße kehrst
Und lernst

Niemand konnte wissen
Wer du bist
Und du darfst sein
Wer du bist
Kannst nicht werden
Was du nicht bist

Hör auf
Dich zu wehren
Und mach kehrt
Wende dich zum Kern
Zu dir
Zum Kind
Und dem Wunsch
Ich bin

Rollentausch

Ich lass nicht zu
Dass uns jemand
Unser Licht raubt
Mich erneut
Meiner Freiheit
Meinem Leben
Beraubt

Ich glaub
All das ungelebte Leben
Wurde an mich weitergegeben

Ich fühl
Wozu niemand bereit war
Ich sah
Was wahr war
Obwohl jeder es verdreht
Und weggesehen hat

Für wen hast du gelebt?
Welche Rolle
Hat es für dich gegeben?

Auf einmal drehte sich das Spiel
Und mir wurde es zu viel
Ich spiel
Nicht mehr mit

C. war nicht mehr
Der Manipulator
Und auch er
War es nicht
Ich wusste nicht
Dass der Feind
Mir so nahe war

Ich seh
Nun klar
Dass du es warst

Ich spürte
Warum er sich
Das Leben
Vergebens nahm
Dass Vergebung
Vergebens blieb
Weil nichts blieb
Außer Hass

Hasserfüllt
Spielten sie
Das Spiel mit
Rannten weg
Betäubten damit
Ihr eigenes Ich

Ich glaubte
die verzerrten Geschichten
Und glaubte
Zu wissen
Wer die Zügel
In der Hand hielt
Hielt deine Hand
In Liebe

Vergaß mich selbst
Die Welt
Wolltest du
Nie genug
Für sie
Den Job
Die Beziehung

Ich zieh
Die Fäden
Und will wählen
Mich selbst
Mein Leben

Rollen
Tausch
Vollends
Glaub
An meine
Nicht deine
Hauptrolle

Merk-würdige Zeiten

Es sind
Merk-würdige Zeiten
Zeiten
In denen niemand begreift
Was gerade heranreift
Wie es weitergeht
Welchen Weg man wählt
Und wohin einen
Das Leben trägt

Was wir
Daraus gemacht haben
Aus der Welt
Uns selbst
Gemacht haben
Welchen Weg wir bisher
Eingeschlagen haben
Und eingefahren haben
Haben
Viel zu viel

Ich ertrag aktuell
Viele Schmerzen
Teilweise
Von fremden Herzen
Muss aus-
halten
Muss Be-
merken

Nicht alle kann ich
Teilen
Heilen

Langsam gehen
Um zu sehen
Dass die Waage zählt
Nicht mehr das Gewicht
Sondern zwischen tun
Und bei sich sein
Dass man vermehrt
Die Stille wählt
In der man sieht
Was wirklich zählt

Und doch zählte ich immer
Meinen nächsten Schritt
Plante alles
Machte es viel schlimmer
Denn dann kommt das Leben
Immer
Dazwischen

Und inmitten
Des Chaos dessen
Lernte ich mich
Wirklich kennen
Denn ich renne
Nicht mehr weg
Verdränge nicht mehr

Und selbst
Wenn es so scheint
Als kämst du
Nicht vom Fleck
Ist doch die Innenarbeit
Das Wesentliche
Die Zeit

In der das wahre Wesen
Sich zeigt
Und es zeigt sich
Wir haben Nichts
Im Griff
Nichts in der Hand
Und vielleicht
Soll es das gar nicht
Weil das Leben
Seinen eigenen Plan
Für dich hat

Weihnachten – was ist
wenn – für Mama

Was ist
Wenn alles
Was wir haben
Jetzt ist
Wenn alles vergänglich ist
Wenn das Licht
Das wir suchen
In uns ist
Was ist
Wenn all die Lichter um uns
Nicht nur jetzt
Sondern
Ich schätze
Jederzeit
Um uns sind
Nein
In uns sind
Was ist
Wenn das »Christkind«
Wenn »Jesus«
Doch nicht nur jetzt
Sondern immer in uns sind
Und all das Drumherum
Die Kriege
Der Hass
Nur fehlende Selbstliebe
Nur fehlende Liebe
Gegenüber dem Kind in uns ist

Der Unfrieden
Von 8 Milliarden Individuen
Lässt sich nicht
Mit Kriegen besiegen
Und man kann wahrlich nicht
Die Augen verschließen
Davor wegrennen und denken
Es wird schon eines Tages
Alles gut
Was ist
Wenn dieser Tag jetzt ist
Hinzusehen
Wahrzunehmen
Das jetzt ist
Was da ist
Was nicht nur jetzt
Sondern schon immer in uns ist

Gehetzt
Beengt
Beklemmt
Hetzen wir durch das Gedränge
Der Menschenmenge
Hetzen den perfekten Moment
Das perfekte Fest
Bei dem doch bitte alle
Glücklich sind
Während wir es anbeten
Das »Christkind«
Warten wieder darauf
Erlöst zu werden

Doch die Lösung
Liegt doch darin
Selbst zur Lösung zu werden
Zu erkennen
Was da ist
Was wahr ist
Dankbar zu sein
Das Kind
Das Licht
Die Liebe
In sich zu tragen
Und sich nicht nur jetzt
Sondern täglich zu fragen
Warum wir darauf warten
Sie zu verbreiten
Auf Zeiten
Zu warten

Was ist
Wenn alles
Was wir haben,
Nicht zählt
Sondern es zählt
Was wir sind
Schon immer waren
Was wir daraus machen
Trotz
Gerade wegen
All der Narben

Der vernarbten Welt
Privilegiert
Sind wir
Hier
Doch Dankbarkeit
Vergessen wir

Was ist
Wenn alles
Was wir haben
Jetzt ist
Wenn alles
Vergänglich ist
Wenn das Licht
Das wir suchen
In uns ist

»Jesus« ist da
In uns
Jeden Tag
Ich sag
Sei selbst die Liebe
Sie ist die Antwort
Auf so vieles
Nein
Alles

... Denn bevor du
Dein Licht
Teilen kannst
Musst du es
Zum Brennen bringen
Und erhalten
In der Hand halten
Verbreiten
Bis wir alle
Erleuchtet sind

Diversity

Sagen sie

Doch verstoßen

Jeden Boten

Von Magie

Schattendasein

Du kannst dich nicht
Selbst heilen
Lieben
Den Krieg in dir besiegen
Vergangenes besiegeln

Den Kreislauf des Hasses
Der letzte Tropfen des Fasses
Ungelöste Traumata
Fremder Schmerz
Durchbrechen
Fühlen
Umbrechen
Aufbrechen
zu dir

Wenn du nicht bereit bist
Jeden Anteil
Jedes Gefühl
Auch die Schatten
Zu integrieren
Und zu lieben

Schau hin
In Mitgefühl
Mit jedem Anteil
Schattendasein
Alles darf da sein

Sein
Und
Heilen
Gibt es nur
Mit Ver-einen
Heilen
Jedes Anteils

Nichts war je ein Irrweg
Und du siehst
Dass der Weg weitergeht
Und du dich trägst

Deep rest

Und dann
War sie wieder da
Die Angst
Die Panik steigt auf
Du nimmst erneut in Kauf
Dass sie dir
Dass du dir
Dein Leben raubst

Immer mehr
Schneller
Weiter
Maschinerie
Funktionieren
Hoch auf der (Karriere?)Leiter
Optimieren
Perfektionieren
Alles ging
Nur nicht weiter
Schnell-lebiger
Alles
Nur kein Leben mehr

Denn das
Was du stets negierst
Die tiefe Ruhe
Deep rest
Im Hast
Im Lügennetz
Ist nun das
Was dich regiert

Ringen mit dem Leben
Nun der Fall
Panik raubt dir den Atem
Bis zum letzten Knall
War es nicht stetig
Suizid auf Raten?
Ringen mit dem Leben

Hast du du dir je
Die Chance gegeben?
Deinem Leben?

Sie sagen Burn-Out
Stehen klatschend daneben
»So ist das eben«
»Ja, er hat alles gegeben«
Fall-Out

Gefallen
Gefallen wollen?
Depressed
Endlich deep rest
Endlich raus
Aus dem Lügennetz

Sei ehrlich
Du bist entbehrlich
Für sie
Aber nicht
Für dich

Systema

Vor-urteil
Ver-urteilt
Immer wieder genannt
Verrückt
Miststück
Missglückt

Aber nie
Beim Namen genannt
Nie wirklich gekannt
Und ich hab mich
Immer getarnt
Immer vor ihnen weggerannt
Betäubt
Besoffen
Geseuftzt
Immer wieder selbst
Er-hängt
Ertränkt
Ans Kreuz

Ich bin gern verrückt
Aber auf meinem Weg
Richtung Glück
Schau ich nicht mehr zurück
Nenne mich beim Namen

Und ich wünsche dir
Alles Glück
Dieser Welt

Denn du erkennst dich
Früher oder später
In mir
In dir selbst

Ur-teile weiter
Damit entfernst du dich
Nur weiter
Von dir selbst
Der Welt
Denn jeder Krieg
Mit der Welt
Ist ein Krieg
Mit dir selbst

Und dein Glück
Wirst du nicht finden
Im Erblinden
Deiner eigenen Fehler
Nenn mich den Fehler
Denn ich fehl
In deinem Schema
Ich bin kein Systema
Ich hab's erkannt
Mich endlich
Beim Namen benannt

Krieg statt Liebe?

Ich glaube
Wir haben Krieg
Statt Liebe gewählt
Haben das Ziel
Der Liebe verfehlt
Dass sie uns trägt
Anstatt uns zu trennen

Beendet
Mal wieder
Sieger?
Ist niemand

Wenn wir Krieg
Mit Krieg bekämpfen
Anstatt in Liebe
Zu beenden
Was der Anfang war
Und was das Ende ist

Was alles
Unerklärlich
Nur fühlbar
Ist

Doch fühlst du dich?
Die Liebe
Die du bist?
Ich bin sie nicht
Wenn du sie nicht triffst

Ich weiß
Du liest es nicht
Du bist weg
Weg von mir
Weg von dir

Der Weg ist weit
Zu dir
Denn Liebe ist da nicht
Du siehst dich nicht

Doch ich spür dich
Auch als nichts blieb
Ich wähl diesmal
Liebe statt Krieg

Zwei kaputte Seelen
Du willst weiter sterben
Da bleiben
Ich will heilen
Ich will leben

Verantwortung

Das Gegenteil

Von Abhängigkeit

Und (selbsterzeugtem) Leid

Ist Eigenverantwortung

So schwer

Wie leicht

Aber der einzige Weg

Zu heilen

Zu leben!

Lange Zeit hätte ich (mich)
nie (lebendig) gezeigt,
nie gezeigt, dass ich esse,
dass ich bereit bin zu leben,
Verantwortung zu übernehmen.
Ich konnte mich Jahre nicht
sehen lassen, wenn ich was
gegessen hatte.

Die Leute würden es sehen.

Und dann?

Sei ich schwach,
nicht diszipliniert genug,
eben nie genug.

Ich war mir selbst
nie genug.

Hungern, erbrechen, das größte
Verbrechen an meinem Körper.
Er war mein Feind, ich fand nie
die Wörter dafür, hasste Körper,
wollte verschwinden, erblinden
vor dem, was war.

Was kam?

Mein Befreiungsschlag.

Ich wollte leben, denn ich
wusste, ich hatte all das nicht
umsonst überlebt. Heute will ich
verdauen, essen, mir nicht mehr
mein Leben rauben, sondern
genießen, fließen, lernen,
meinen Körper zu lieben.

Denn ich bin weiblich,
leiblich,
menschlich,
lebendig.

Endlich.

Lass mal

Lass mal langsam sein
Lass mal langsam heilen
Bei uns bleiben
Bei uns ankommen

Raus aus dem Konstrukt
Der Zeit
Und spüren
Alles kommt zu seiner Zeit
Raus aus den Schichten
Zu innerer Freiheit

Lass mal Fehler machen
Lass mal einfach lachen
Dinge dürfen leicht sein
Lass mal ruhig
Der Fehler sein

Lass mal schreien
Wütend sein
Hinfallen
Am Boden sein
Doch dann wieder merken
Wir sind nicht mehr klein

Das Ziel darf sein
Keins zu haben
Glücklich zu sein
Sich zu spüren

Lass mal
Einfach machen
Lass mal
Riskieren zu leben
Und lass sie lachen
Lass sie reden

Das ist deine Chance
Zu leben
Und deine Verantwortung
Zu übernehmen
Auch wenn's langsam geht
Zu lernen
Wie lieben
Lernen
Heilen
Geht
Es geht
Weiter

Es zählt
Sich täglich wieder
Dafür zu entscheiden
Zu leben
Und zu heilen

Geduld

Hab Geduld
(Mit der Schuld)
Es zeigt sich
Genau so viel
Wie du
Zu der Zeit
Zu heilen
Bereit
Bist

Wut ist schwer verdaulich
Und der Türsteher
Von Trauer
Ich glaub
Ich trau mich
Bin wütend
Oder traurig?
Beginn
Zu fühlen
Nein
Zu spüren

Und bin berührt
Beginn zu spüren
Dass der Körper
Nicht mein Feind
Sondern mein Begleiter ist

Dafür

Je mehr du dagegen bist

Desto mehr zeigt dir

Das Leben

Dass

Dagegen

Der falsche Weg ist

Eins

Da war viel Hass
Irgendwie
Aber auch Liebe
Wir sind unsere Spiegel
Und deshalb hassen wir
Vielleicht im Allgemeinen
So sehr die Gemeinsamkeiten
Und nicht die Unterschiede

Liebe gibt's nur
Wenn du in den Spiegel schaust
Und nun lieben wir viel mehr
Die Gemeinsamkeiten
Anstatt der Unterschiede

Denn wir sind eins
In der Liebe

Vielleicht geht's
auch darum
Sich Gesundheit

Ganzheit

Ganz sein
Mit seinem Körper
Seinen Anteilen
Wieder zuzutrauen
An sich als Ganzes
Zu glauben

Und vielleicht ist es ein
Irrglaube
Die falsche Herangehensweise
Zu glauben
Zu erwarten
Man sei dann gesund und Punkt

Ich glaub
Es geht um die Balance
Weil irgendwas ist immer
Mal ist es besser
Mal ist es schlimmer

Wichtig ist
Du nimmst alles an
Auch wenn's scheiße ist
Wichtig ist
Du bist eins mit dir
Deinem Körper

Fühl diese Wörter
Getrennt von Nero
Und ihm
In so Momenten
Spür ich
Dass ich doch noch Liebe
In mir hab
Und ohne ihn
Gar nicht mehr leben mag
Weil auch er ein Teil
Von mir ist
Und darum geht's
Ich lieb
Was ein Teil von mir ist
Also darf ich integrieren
Was meins ist
Und aussortieren
Loslassen
Was nicht

Denn du bist so viel mehr
Als das
Was dir so schwer
Auferlegt wurde
Von außen
Raus aus
Dem Zwangskorsett

Trau dir zu
Du
Ganz
Gesund
Zu sein

Gewagte These

**Ich glaub, ich hab ein
Aggressionsproblem.**

Und vielleicht haben gerade
Frauen ein Aggressionsproblem,
weil sie ihre Aggression,
ihre Emotion nicht ausleben.
Weil wir das ja nicht dürften
oder sollten oder gar hysterisch
sind, wenn wir dynamisch sind.

Ich bin
Mehr
Als was
Das Kollektiv
Mir sagt

Ich bin wütend
Über
Das
Was
War

Und das darf ich sein
Ich darf
Schreien
Weinen
Bei mir bleiben
Wie ich jetzt bin

Ich find mich wieder
Und find Mut
Hinter Wut
So viel Lieder
Worte
Die raus wollen

Hinter Wagnissen
Und Glauben
Vermeintlichen Problemen
Liegen eben
Lebens-Kräfte
Mächte
Die von guter Natur sind

Wenn wir sie annehmen
Transformieren
Ausleben
Was wir sind

Verbunden

Wir sind so verbunden
Weil wir unsere größten Wunden
Unsere größten Schatten gesehen
Im Innen gelebt
Im Außen begegnet
Bisweilen im Außen gewesen
Getrennt
Und endlich
Verbunden sind

Weil
Nur so
Kann Verbundenheit
Geschehen
Leben

Die schlimmsten Seiten
Unserer selbst
Die härtesten Zeiten
Haben uns
Zu uns
Selbst
Geführt

Alles

Alles egal
Alles so schwer
Alles elementar
Alles so leicht
Alles entgleist
Alles zerreisst
Alles verschwimmt
Alles wird zu einem Film

Ich bin Alles
Und Alles ist nichts

Ich bin letztlich nichts
Und doch alles
Hab das Ich
Und das alles in der Hand
Es entgleitet
Und kommt zurück zu mir

Verschwommen seh ich
Das Ich vor mir
Benommen noch immer
Die Wut
und die Schuld in mir
Trage das
was nicht von mir
Gezwungen nun
Herauszuschneiden
Was kein Teil ist

Benommen ertrage ich
Dass alles aus Schatten
Und Schmerz entstand
Und entsteht
Dass ich eins werde
Wenn ich weiter geh
Annehme was ich bin
Was ich leb
Verkörper
Ich beb
Für die Wörter
Ich leb
Ich lieb
Diesen Körper
Sag ich mir
Alles hier
In mir

Kann jeder heilen?

Manche wollen leiden

Du wolltest nie
Bei dir bleiben
Oder ankommen
Es reicht
Selbst erzeugtes Leiden
Der Versuch
Vor dir selbst
Zu weichen
Um Aufmerksamkeit
Zu erreichen

Nie
Liebe
Gegen Krieg
Verdrehtes Spiel

Ich spiel
Nicht mehr mit

Geduldsfaden
Längst gerissen
Du verbissen
In deinem Wissen
Nur deins
Nicht meins
Nicht seins

Er wollte gehen
Sein Leben nehmen
Zerstörte Festung
Immer wieder
Letzte Rettung
Trennung

Ich will leben
Lass es mir
Von dir
Nicht mehr nehmen
Nur weil du
Nie gelebt hast

Du weißt es nicht
Hast es vergessen
Alles vergessen

Leider vergessen
Dass jeder ein Leben
Und Verantwortung hat
Dass jeder Liebe
In sich haben darf
Dass ich nicht dein Feind bin

Dein Feindbild
Bist du selbst

Ich sag nur
Ich hoffe
Dass du heilst

Dark side of Empathy

Zu viel Liebe
Zu viel Gefühl
Zu viel sie
Zu wenig ich

Ich
Fuhr die Mauern hoch
Fuhr hoch
So

Viel Wut
Anstatt Liebe
So viel Leid
Ich will nicht mehr
Mit-leiden

Stress und Leid
Sind ansteckend
Grenzen setzen
Bevor die Mauern
Dich nicht nur schützen
Sondern brechen

Ich mein
Mehr Mitgefühl
Theorie of Mind
Empathie
Zusammenspiel

Bi-polar

Auf und ab
Das
Was ich immer sag
Ist wieder da
Wie damals
Wieder mal
Viel zu viel
Immer aktiv
Impulsive Manie
Und dann
Vermeintlich nichts
Depressiv
Bi-polar
Sagt
Ich bin da
Die
Von damals
Die
Die dich schützt
Und verschwimmen lässt
Was war
Ich hab
Nie begriffen
Wie traumatisierend
Es war

Trauma war
Ist hier und da
Immer wieder
Aber bei anderen
Doch sicher viel schlimmer
Und ich
War nicht
Da-bei
Weit
Gefehlt
Der Fehler ist
Der Vergleich
Und das Nicht-Eingestehen
Dass es nicht leicht
Dass es Trauma war
Doch es war
Und beide Pole
Sind immer da
Und du bist
Immer da
Gewesen
Finde das
Wesen
In der Mitte

Eines Tages

Eines Tages
Werd ich ankommen
Bis dahin will ich leben

Eines Tages
Werd ich
Endlich fertig sein
Bis dahin
Will ich unfertig
Aber offen bleiben

Keines Tages
Weiß ich alles
Bis dahin
Will ich lernen

Eines Nachts
Werd ich ankommen
Bis dahin
Will ich weiter reisen

Bis dahin
Will ich bleiben
Bis dahin
Will ich sein
Weil weder Tag
Noch Nacht
Bestimmt
Wie weit ich reise

Deine Getriebenheit

Treibt dich weit
Du versuchst
Wegzutreiben
Was dadurch
Nur noch mehr
Bei dir bleibt
Dich noch mehr treibt

Der Stress
Die Wut
Du hetzt
Bis aufs Blut

Zu gut
Dass du es weißt
Und trotzdem
Dabeibleibst
Es reicht

Du reichst
Nichts musst du
Leisten
Um bei dir
Um hier
Zu bleiben
Zu sein
Das reicht

Wenn es still wird
Hast du Angst
Weil das nicht reicht
Und du treibst
Es wieder zu weit

Wohin?
Wo ist das Ziel?
Der Sinn?
Alles ein Spiel?

Zu viel

Irgendwann
Ist das Ziel
Hier
In dir

Halte aus
Lass es raus
Lass es sein
Lass los

Die Kontrolle
Die du nie hast
Führt zu Wut
Und Hass
Lass
Liebe rein

Sie

Sie war da
Bevor ich es war
Immer da
Seitdem ich 13 war
Und alles um mich herum
Nicht wahr war
Ich zu schnell war
Im Leben
Unsichtbar sein wollte
Leblos
Weiblos
Bloß
Nicht da
Weniger
Immer weniger
Bis dann
Der Alkohol
Und die Drogen kamen
Mich ebenso
An die Hand nahmen
Nie verstanden
Woher all das kam
Bis ich begriff
Das Leben ist
In mir
Und ich darf es führen
Darf mich dazu
Entscheiden
Zu bleiben

Zu leben
Zu sein
Mit jeder Narbe
Die bleibt
Doch verheilt
Mit jeder Zeit
Und es war
Und ist an der Zeit
Die Schuld abzulegen
Und Verantwortung
Zu übernehmen

Das Zugeständnis zu leben

Es ist an der Zeit
Für neue Zeiten,
Für neue Weiblichkeit,
Für ich darf stark,
Ganz, gesund sein.

Es ist an der Zeit,
Immer wieder
An der Zeit,
Sich selbst
Das Zugeständnis zu geben,
Zu leben, Leben zu dürfen.
Niemand kann es mir sonst geben
Und niemand sollte das dürfen.

Ab und zu drängen sich
Die Anteile, die nicht leben
Wollten, durch,
Schlagen Alarm
Und die Dynamik kocht hoch.
Wenn ich doch mal sehe,
Auf der Waage stehe.

Was wiegt mein Leben?
Darf ich leben?
Hunger haben?
An Stärke und Kraft zunehmen?

Wenn die alten Sachen
Aus Zeiten,
In denen ich
Aus nichts bestand,
Nicht mehr passen,
Ist es an der Zeit,
Sie gehen zu lassen,
Loszulassen,
Neues einzuladen,
Neues zu machen,
Neues zu finden
Im Innen.

All die Anteile,
Die wiederkehren,
All die Seiten an mir,
Die ich jetzt erst kennenlerne,
Weil ich jetzt erst lerne,
Wer ich eigentlich wirklich bin,
Was ich kann, was stimmt,
Was ich bin und was nicht.

Und ich möchte mich spüren,
Das Leben fühlen,
Es füllen mit Er-leben,
Und mir selbst zuzugestehen,
Dass ich es darf — leben.

Metakrise

Kollektiv
Zu viel Hass und Krieg
Zu wenig Liebe
Empathie

Zu viel
Viel zu viel
Und hier zu wenig
Keine Grenzen ziehen

Nie gesetzt
Maßlos überschätzt

Kollektiv
Und für Individuen
Zu viel Gier
Zu viel
Mehr

Zu viel Morgen
Zu viel Gestern
Zu wenig hier
Zu wenig sie
Zu viel
Immer nur wir

Was haben wir
Hier
Getan

Nur wir
Können
Verstehen
Umdenken
Neue Wege gehen
Jeder für sich
Im Kleinen
Um das Große
Zum ganzen Ganzen
Zu erhalten

Mit weniger Gier
Mit mehr hier
Mit mehr Liebe
Zunächst hier
In uns
Liegt alles
Das gesamte Universum

Metaliebe

Stehauffrau

Du und ich

Ich und du

Und mehr bin ich

Auch ich

Bin ich auch Frau

Und glaub

Immer wieder

Aufzustehen

Ist das

Was wir

Leben

Wundervoll verwundet

Wunder warten

Hinter Wunden

Hast du sie

Schon gefunden?

Oder bist du bereit

Nun zu suchen?

Wundervoll

Verwundet

Ich liebe

Meine Wunden

Kollektiv dissoziiert

Sind wir kollektiv dissoziiert?
À la »Du bist nicht dein
Körper«?

Es geht nicht nur darum,
den Körper nicht, oder endlich
wieder überhaupt zu fühlen,
sondern als etwas zu SPÜREN,
was nicht bedrohlich, sondern
heilsam ist. Weil er da ist,
IST, ja, weil auch du er bist.

Als ein Mitstreiter,
Wegbegleiter, und nicht
als Kämpfer —
Er ist doch meinesgleichen
und ich führ ihn, während er
mir vor Augen führt,
was Phase ist,
wo noch Blockaden sind,
all die Signale.
Man, die sind doch hilfreich,
auch wenn es nicht leicht ist.

Auf einmal wird nämlich das
durchströmt, was blockiert war,
E-motion eben, und man merkt,
auf einmal sind Gefühle da,
auch Schmerzen
auf dem Heilungsweg.

Ja, auf einmal hörst du dein
Herz, denn du bist am Leben!

Wenn du erstmalig fühlst,
wie es ist, Gefühle zu haben,
die du nie hattest, sondern nur
unterdrückt und betäubt hast.
Weil jeder das so vorgemacht
hat, ist es nicht leicht,
kann dich überfordern,
überfluten, und wieder
in die Abspaltungsflut reißen.

Doch auf dieser Reise,
geh halt mal ganz leise,
oder auch ganz laut, in dich.
Schüttel dich!
Und begib dich zeitgleich
auf Entdeckungsreise.

Oh, ein neues Gefühl,
ich kann mich spüren,
bin am Leben!
Und lerne dir hierbei
Geduld zu geben,
wie ein Entdecker aufzudecken,
was verborgen lag.
Und mein Körper
hilft mir doch dabei jeden Tag.
Wir sind ein Team,
spürst du ihn?

(Nicht) richtig

Du hast dich falsch gefühlt
Obwohl du wohlbehütet
Auf den Weg geführt wurdest
Kollektiv verwundet

Du hast dich
Nie gespürt
Abgespalten
Dissoziiert

Abgewandt
Hin zu den Schatten
Dort gab es Körper
Die verstanden

Du verbranntest
Hast dich verkauft
Deine Seele beraubt

Geglaubt
Nirgends
Bist du richtig

Wichtig war der Weg
Denn Leben
Hast du gesucht
Richtig bist du

Richtig ist es
Zu dissoziieren
Im bloßen Funktionieren
Falsch sind wir

Lebendigkeit suchen wir
Gefühle und Körper
Vermissen wir
Wir sind kollektiv verwundet

Ich sei nicht richtig?
Wichtig ist
Ja, ich bin nicht richtig
Denn ich bin lebendig

Frau Yang

Vielleicht täten wir
Gut daran
Einmal mehr
Frau Yang
Zu sein
Frau Yang
Ist
Ganz

Der Drang danach zu leisten
Sollte bei SEINESgleichen
bleiben
Während Stärke
In weiblicher Energie liegt
Kreative Fantasie
Und wir bringen die Liebe
Setzen Leben auf die Welt

Sie hält nicht
Wenn wir nicht verbinden
Was ist
Frau Yang
Ist
Ganz

Ich will annehmen
Dass ich lebe
Weibliche Energie aus-lebe
Die Frau sein, die ich bin

Verbinde
Frau und Mann
In mir
Frau Yang
Mehr Weiblichkeit
Als Getriebenheit

Trotzdem dankbar
Denn der Leistungszwang
Lies mich überleben
Hat mich durchgebracht
Bis hierher
Doch nun brauch ich
Ihn nicht mehr
Und darf vom Funktionsmodus
In den Über-Lebensmodus

Fokus auf Verbindung
Des Ganzen
Und meinen (weiblichen) Teil
dazu
Ist ein Segen
Kein Fluch

Alles steht

Und fällt

Mit der Liebe

Zu dir selbst

Ich frage mich

Wohin mich das Leben führt

Und merke

Es ist schön

Zu wissen

Dass ich die Frage

Und nicht die Antwort habe

Und es einfach spüre

Dass ich auf dem Weg

Und am Leben bin

Nichts sonst zählt